Erst ich ein Stück, dann du

Patricia
Schröder

Lisa rettet den Zauberwald

mit Illustrationen von Miriam Cordes

cbj

Penguin Random House Verlagsgruppe
FSC® N001967

2. Auflage
© 2023 cbj Kinder- und Jugendbuchverlag
in der Penguin Random House Verlagsgruppe GmbH,
Neumarkter Straße 28, 81673 München
produktsicherheit@penguinrandomhouse.de
(Vorstehende Angaben sind zugleich Pflichtinformationen nach GPSR.)

Alle Rechte vorbehalten
Erstmals erschienen 2009 bei cbj unter der ISBN 978-3-570-13709-3
»Erst-ich-ein-Stück«-Grundidee: Patricia Schröder
Umschlag- und Innenillustrationen: Miriam Cordes
Umschlagkonzeption: semper smile, Werbeagentur GmbH, München
mk · Herstellung: bo
Satz und Reproduktion: Lorenz+Zeller GmbH, Inning a. A.
Druck: Alföldi Nyomda Zrt., Debrecen
ISBN 978-3-570-18106-5
Printed in Hungary

www.cbj-verlag.de

Inhalt

Kein guter Tag

Es war ein ausgesprochen schöner Tag im Zauberwald. Die Sonne stand hoch oben am blauen Himmel, ließ ihre Strahlen durch das Blätterwerk tanzen und malte leuchtend helle Kringel und Punkte auf den mit weichem Moos, saftigen Beeren und hellgrünen Farnen bewachsenen Waldboden. Bunte Schmetterlinge tanzten von Blume zu Blume und das gemütliche Murmeln des Verwunschbachs untermalte den fröhlichen Gesang der Vögel.

„Tri-la-la Felixe, heute gibt es Schlickse. Einen gleich zum Frühstück, einen noch zum Nachtisch und den letzten dann zur Nacht", trällerte Felixe.

Für die kleine Hexe gab es nichts Schöneres als abends, wenn es dunkel wurde, mit einem Schluckauf im kuschelig warmen Bett zu liegen und sich langsam in den Schlaf hinüberzuschlicksen.

Felixe war eine sehr junge Hexe. Sie zählte gerade mal einhundertundelf Jahre und sah aus wie ein Menschenmädchen mit krausen blonden Haaren. Sie trug eine ausgefranste Hose, die ihr bis zu den Knöcheln reichte, darüber ein kniekurzes, mit bunten Flicken übersätes Kleid und einen spitzen roten Hut auf dem Kopf.

„Tri-la-la, Felixe", sang sie.

„Heute gibt es Schlickse."

Dann nahm sie Anlauf

und sprang über den Verwunschbach.

Der Zauberwald, in dem Felixe lebte, war ein unbekannter, sehr geheimer Zauberwald. Nur wenige wussten von seiner Existenz. Im Norden war er durch ein hohes, karges Felsmassiv abgeschirmt, auf seiner Westseite lag ein riesiger spiegelglatter See, im Osten befand sich eine schlubberige, neblige Moorlandschaft und auf seiner Südseite war er durch meterhohe stockfinstere Tannen geschützt.

Felixe wohnte allein in einem hohlen, aber sehr gemütlich eingerichteten Baumstumpf, über den sie ein Dach aus geflochtenen Gräsern gebaut hatte.

Ihre beste Freundin war Grete, die Unke.

Manchmal unkte sie.

Doch meistens schaute sie nur.

Grete war sehr klug.

Immer wenn Felixe nicht weiterwusste,

hatte Grete einen Rat für sie.

Als Felixe von ihrem Morgenspaziergang zurückkehrte, hockte Grete vor der Tür und hielt ihren großen, dunklen Kopf in die Sonne.

„Tag kein guter Tag", unkte sie.

„Aber was redest du denn da, Grete?", rief Felixe. „Das ist ein ausgesprochen toller Tag heute. Die Sonne lacht dir ins Gesicht. Die Vögel zwitschern fröhliche Lieder. Und ich habe wunderbare, reife Beeren für mein Frühstück gefunden und ein seltsames Kraut, das ich für meinen neuen Zaubertrank verwenden will."

Sie nahm ihren Lederbeutel von der Schulter, öffnete ihn und leerte ihn vor Gretes Füßen aus. Unzählige verlockend rote Erdbeeren und dicke, dunkle Blaubeeren kullerten über den Boden, und ein finstergrünes Kraut, das wie eine Federdaune geformt war, wirbelte hoch in die Luft und ließ sich schließlich auf Gretes breitem Maul nieder.

„Kraut kein gutes Kraut", unkte sie
und verdrehte die Augen.
„Tag kein guter Tag."
„Blödsinn", sagte Felixe.
„Ich glaube, du hast bloß
schlechte Laune."
„Vogel zwitschert kein Lied",
brummte Grete.
„Und Laune ist sehr schlecht."

Oje! Felixe sah Grete mitfühlend an. Wie hatte sie das nur vergessen können! Unken liebten es dunkel und feucht. Grete konnte Sonnenstrahlen nicht ausstehen. Für sie waren nur dunkle Regentage wirklich gute Tage. Trotzdem – das fand zumindest Felixe – hatte die Freundin keinen Grund, deshalb gleich alles und jedes schlechtzureden.

„Warum gehst du nicht rein?", schlug sie vor und deutete auf die geschlossene Tür ihres Baumstumpf-hauses.

„Tür keine gute Tür", erwiderte die Unke.

„Na, hör mal!", rief Felixe empört.

„Die Tür ist super!"

Schließlich hatte sie sie eigenhändig auf den Millimeter passgenau in das Loch des Baumstumpfes hineingehext.

„Wenn du noch einmal behauptest, dass sie klemmt, dann …", fuhr Felixe fort, aber die Unke ließ sie nicht ausreden. „Tür klemmt nicht. Tür keine gute Tür", unterbrach Grete sie.

„Und warum nicht?", fragte Felixe.

„Weil dahinter Wohnung weg", unkte die Unke.

Die Hexe stemmte die Hände in die Hüften und sah ihre Freundin kopfschüttelnd an.

„Ich glaube, du hast zu lange in der Sonne gesessen", sagte sie. „Eine Wohnung kann doch nicht einfach verschwinden."

„Kann nicht, ist aber", brummte Grete.

„Zeh auch weg."

„Zeh?", rief Felixe. „Was für ein Zeh?"

„Unkenzeh", sagte Grete.

„Unkenzeh? Aber …"

Felixe kratzte sich am Kopf.

Sie warf einen Blick auf Gretes Füße.

Und tatsächlich! O Schreck!
Ein dicker, runder Unkenzeh
war verschwunden.
„Was ist passiert?", rief Felixe.

„Ich habe die Tür geöffnet", begann Grete mit ihrer
Erzählung. Immer dann, wenn sie ganz besonders
aufgeregt war, konnte sie vollständige Sätze sprechen.
„Ich wollte gerade hindurchtreten, um im kühlen
Badezimmer ein erfrischendes Bad zu nehmen, da be-
merkte ich zu meinem allergrößten Unkenentsetzen,
dass die Wohnung absolut vollkommen stockdunkel
war."
„Stockdunkel?", wiederholte Felixe fragend.
„Ach, du obergiftige Fliegenpilzsuppe, wie
konnte denn das bloß geschehen?"

Normalerweise war es in der Wohnung tagsüber nie richtig dunkel, weil durch die Ritzen des Baumstumpfs immer etwas Licht hereinfiel.

„Tag kein guter Tag", war Gretes knappe Antwort. „Zeh weg. Einfach in der Dunkelheit verschwunden."

„Nee, nee, nee, nee", widersprach Felixe. „Zehen können nicht in der Dunkelheit verschwinden."

„Können nicht", bestätigte Grete.
„Sind aber."
„Ja, ja", sagte Felixe nachdenklich.
Wieder betrachtete sie den Unkenfuß
und wieder kratzte sie sich am Kopf.
„Verschwundener Zeh kein guter Zeh",
meinte Grete unheilschwanger.

Felixe nickte und tätschelte der Freundin tröstend
den dicken Kopf.
„Mach dir keine Sorgen", sagte sie. „Wir werden deinen Zeh schon wieder finden."
        „Aber wie willst du das denn anstellen?", erwi-
        derte Grete aufgebracht. „In einer stock-
        finsteren Dunkelheit findet man ja
        den Fuß vor Augen nicht."

„Das lass mal meine Sorge sein", meinte Felixe. „Entweder ich hexe die Dunkelheit einfach weg …"
„Nein, nein, nein, nein!", widersprach die Unke heftig.

„Dunkelheit keine gute Dunkelheit.
Tag kein guter Tag.
Kraut kein gutes Kraut",
fügte Grete hinzu.
Felixe schlug sich gegen die Stirn.
Ach, du lieber Himmel, das Kraut!
Das hatte sie ja völlig vergessen.
„Warum ist es kein gutes Kraut?",
fragte sie die Unke.
„Federkraut", sagte Grete nur.
Dann schloss sie die Augen
und ließ traurig den Kopf hängen.

Träumereien und Ideen

Unterdessen saß Lisa tief gebeugt über ihrem Tisch. Sie hatte das Schreibheft aufgeschlagen und in ihrer schönsten Hausaufgabenschrift bereits einige Zeilen hineingeschrieben.

„Herr Weber kauft ein Fahrrad für Paul", murmelte sie. „Alles ist gut und die Geschichte zu Ende. Punkt." Energisch tippte sie mit ihrem Füller einen blauen Tupfen hinter das e. Dann schob sie die Kappe über die Feder und steckte den Füller ins Mäppchen zurück. Bevor sie das Schreibheft zuklappte, pustete sie noch einmal über die Buchstaben. Warum müssen die Geschichten, die in der Schule durchgenommen werden, bloß immer so langweilig sein?, dachte Lisa.

Lisa mochte Lesen und Schreiben nicht.
Sie saß lieber auf dem Bett und träumte.
Lisa hatte ganz geheime Träume.
Niemand wusste etwas davon.
Denn Lisa kannte eine geheime Welt.
Eines Tages hatte sie sie entdeckt.
Einfach so, mitten in ihren Gedanken.

Felixe ahnte natürlich nichts von Lisa. Sie wusste nur, dass es irgendwo hinter dem Felsmassiv, dem See, dem Moor und dem Tannenwald Menschen gab. Felixe konnte sich auch nicht mehr so recht daran erinnern, wer ihr davon erzählt hatte. Irgendwie war es so, als hätte sie es schon immer gewusst.

Heute, an diesem Tag, der Gretes Ansicht nach kein guter Tag war, verschwendete Felixe allerdings keinen einzigen Gedanken an Menschen. Für sie gab es nun wirklich Wichtigeres zu tun. Sie musste schnellstmöglich herausfinden, was mit ihrer Wohnung passiert war und woher diese seltsame Dunkelheit kam, die Unkenzehen und womöglich noch andere Dinge verschwinden lassen konnte.

Vielleicht ist meine ganze Wohnung weg,
dachte Felixe beklommen.
Mein Hexenkochtopf,
meine Kräutersammlung,
meine Schüsseln, Teller und Werkzeuge.
Und mein kuscheliges, warmes Bett!
Nein, nein, nein!
Das durfte einfach nicht sein.

Felixe musste etwas unternehmen. Bloß was? Und plötzlich hatte sie eine Idee! Kastaniono Bucheneck, der große Zauberer, der meilenweit entfernt wohnte, musste ihr helfen.

„Grete!", rief Felixe aufgeregt. „Was glaubst du, wie lange wirst du es hier draußen im heißen Sonnenlicht aushalten?"

„Sonne keine gute Sonne", unkte die Unke.

„Das weiß ich doch", sagte Felixe. „Vielleicht solltest du einfach in den Schatten hinüberkriechen und dich unter dem kühlen, feuchten Laub verstecken."

Grete hob den Kopf und sah ihre Hexenfreundin unentschlossen an.

„Ich glaube nicht, dass das Laub gefährlich ist", meinte Felixe, die die Gedanken der Unke offensichtlich erraten hatte. „Es wird dich schon nicht verschlingen. Wenn du aber allzu lange in der Sonne herumsitzt, vertrocknest du noch."

Grete stieß einen langen, unkendunklen Seufzer hervor, rührte sich aber nicht einen Millimeter vom Fleck.

„Also gut", sagte Felixe. „Dann erkläre ich dir jetzt mal meinen Plan: Ich werde Silberblitz aufsuchen und ihn bitten, mich zum Rand des Schlubbermoores zu tragen."

Die Unke schüttelte den Kopf.

„Schlubbermoor kein gutes Moor",

sagte sie ängstlich.

„Natürlich nicht!", rief Felixe ungeduldig.

„Silberblitz soll ja nicht hineinlaufen.

Aber ich muss mit Kastaniono reden.

Wer soll uns denn sonst helfen?"

Das Buchenwäldchen, in dem der Zauberer wohnte, befand sich nun einmal in unmittelbarer Nähe des Schlubbermooores. Der große Kastaniono verließ seinen Heimatort nur selten. Alles, was er zum Zaubern brauchte, trug er bei sich: Lumino, den Zauberstab, Finsterix, den Zauberhut, und seine große Hakennase, mit der er Widrigkeiten und Gefahren bereits meilenweit gegen den stärksten Sturm riechen konnte.

„Zauberer kein guter Zauberer",
unkte Grete.
„Federkraut kein gutes Kraut.
Tag kein guter Tag.
Morgen kein guter Morgen."

„Pfefferminz und Krähenfuß!", schimpfte Felixe. „Entschuldige bitte, aber allmählich gehst du mir wirklich auf den Geist mit deinem ewigen Dunkelgeunke! Kastaniono Bucheneck ist ein ganz hervorragender Zauberer. Und der Morgen ist inzwischen auch vorbei." Sie deutete auf die Sonne, die mittlerweile senkrecht auf sie herunterschien. „Der Mittag ist längst angebrochen."

„Nicht heute morgen", erwiderte Grete. „Morgen morgen."

Felixe musterte das breite Gesicht der Freundin sorgenvoll.

„Du meinst morgen wird auch kein guter Tag sein?", fragte sie.

Grete nickte.

„Und Kastaniono kann uns nicht helfen?", bohrte Felixe weiter.

Wieder nickte die Unke.

„Das glaube ich nicht", sagte Felixe.

„Das glaube ich erst, wenn ich es mit meinen eigenen Augen gesehen und mit meinen eigenen Ohren gehört habe", setzte sie voller Entschlossenheit hinzu. „Du kannst ja gerne weiter in der Sonne schmoren und finsterunken. Ich jedenfalls werde nicht warten, bis alles um uns herum von der Dunkelheit verschlungen worden ist."

Felixe erschrak vor ihren eigenen Worten.

Was hatte sie da nur gesagt!

Wie kam sie bloß auf die Idee, dass die Dunkelheit sich weiter ausbreiten und womöglich den ganzen Zauberwald verschlingen würde?!
Diese düsteren Ahnungen waren doch nichts weiter als dumme Hirngespinste. Grete war an allem schuld. Grete mit ihrem dunklen Geunke.

„Denk doch, was du willst",
brummte Felixe.
„Ich gehe jetzt zu Silberblitz.
Er wird mir bestimmt helfen."

Vor der Höhle

Lisa sah zum Fenster hinüber und gähnte. Die ewig langen, immer gleichen Rechenaufgaben und der blöde Aufsatz mit Paul und dem Fahrrad hatten sie müde gemacht. In ihrem Kopf war alles dumpf und dunkel. Lisa hatte nicht einmal mehr Lust, in ihre Geheimwelt abzutauchen. Vielleicht sollte sie hinübergehen und Mama fragen, ob sie ein wenig fernsehen durfte. Das Programm war zwar auch nicht immer nach ihrem Geschmack, aber wenigstens musste Lisa dabei nicht nachdenken, sondern konnte sich ganz bequem mit Geschichten berieseln lassen.

Und während Lisa es sich im Wohnzimmer auf dem Sofa bequem machte, ein Kissen in ihren Nacken schob und sich in die flauschige Wolldecke kuschelte, machte Felixe sich auf den Weg zum Felsmassiv.

Nordwestlich davon, genau an der Stelle, an der das zerklüftete graue Berggestein in den See abtauchte, befand sich eine Höhle.

In dieser Höhle lebte Silberblitz.
Der Weg dorthin war lang
und beschwerlich.
Felixe musste über Baumwurzeln klettern,
sich durch Brombeerbüsche schlagen
und einen Mooshang hinaufkraxeln.
Die Höhle lag
hinter hohem Seeschilf verborgen.
„Schnicke-Schnack Felixe!", rief Felixe.
„Blitze-Blatz, der Fixe!
Höhle, öffne dich!"

Einige quälend lange Augenblicke passierte gar nichts. Felixe stand da wie mit dem Moosboden verwachsen und starrte gebannt auf das Schilf.
Wieso wogte es nicht hin und her, wie es das sonst tat?
Warum bog es sich nicht auseinander und gab den Eingang der Höhle im Felsmassiv frei?

Plötzlich ertönte ein Grollen und ein mächtiges Zittern erschütterte das Berggestein. Felixe spürte das Beben bis ins Moos hinunter. Es kroch an ihren Fußsohlen entlang, die Waden hinauf, und ließ ihre blonden Locken erzittern.

„Silberblitz?", murmelte sie.

„Wo bist du?"

Da – endlich bog sich

das Schilf auseinander.

Der Höhleneingang war frei.

Doch von Silberblitz fehlte jede Spur.

Felixes Herz klopfte wild.

Doch sie nahm ihren ganzen Mut zusammen und marschierte mit festen Schritten auf die Höhle zu. Das glitschige Moos quatschte unter ihren Füßen. Fast fühlte es sich an wie der Boden des Schlubbermoores. Aber das war ja Unsinn! Das Schlubbermoor lag weit weg von dieser Stelle am östlichen Rand des Zauberwaldes. Es konnte unmöglich bis hierher vorgedrungen sein.

Oder etwa doch?

Felixe erschauerte.

Sie wischte das ungute Gefühl beiseite.

Sie wollte keine Angst haben.

Egal was hier gerade geschah –

der Zauberwald musste gerettet werden!

Entschlossen ging sie auf die Höhle zu.

Dort drinnen schien es stockdunkel zu sein. Vorsichtig und langsam, Schritt für Schritt, näherte Felixe sich dem Eingang. Sie legte die Hand gegen die raue Felswand und reckte ihren Kopf vor. Pechschwarze Dunkelheit waberte ihr entgegen.

Felixe erstarrte.

Etwas packte sie von hinten am Kleid
und hielt sie fest.

Rrritsch!, machte es.

Der Stoff zerriss
und Felixe stolperte zurück.

Sie fiel der Länge nach auf den Boden. Ihr Kopf stieß
gegen einen Stein und der rote Hut purzelte ins Moos.
„Ouuuh!", jaulte Felixe. „Das tat weh!"
Sie richtete ihre Augen nach oben und blickte gerade-
wegs in ein freundlich grinsendes Gesicht.
„Bitte vielmals um Entschuldigung", sagte Silberblitz.
Trotz des schmerzenden Kopfes war Felixe im null
Komma nix auf den Beinen. „Zum giftigen Fingerhut
noch mal, hast du mich erschreckt!", blaffte sie das
Einhorn an.
„Besser erschreckt als verschluckt", erwiderte Silber-
blitz. Er bleckte die Zähne, ergriff den Hexenhut und
setzte ihn auf Felixes Kopf zurück.
„Verschluckt?", rief die kleine Hexe.
„Verschluckt", bestätigte das Einhorn. „In meiner
Höhle wohnt etwas. Es ist …"
„… schwarz wie die Nacht?", hauchte Felixe.

Silberblitz nickte. „Und es verschlingt alles, was mit ihm in Berührung kommt. Ich habe es erst gemerkt, als ich schon ein Stück hineingetrottet war", sagte er, und deutete mit dem Huf auf seine Nase.

„Dein Horn!", rief Felixe erschrocken.
Es war nur noch ein Stummel!
Dass sie das nicht gleich gesehen hatte!
„Und was machen wir jetzt?",
fragte Felixe.
„Wir fragen den Zauberer",
meinte Silberblitz.
„Kastaniono weiß bestimmt Rat."
„Guter Vorschlag", antwortete Felixe.
„Diese Idee hatte ich auch schon.
Genau deshalb bin ich hier."

Elvira

Lisa hatte sich tief ins Kissen gekuschelt und eine Weile auf den Bildschirm geschaut. Gerade lief eine Zeichentrickserie, in der sich die Figuren ständig gegenseitig eins über die Rübe hauten.

Lisa gähnte. Sie merkte gar nicht, wie ihr die Augen zufielen. Eigentlich war es im Zauberwald doch viel schöner …

„He! Hallo!", drang ein feines Stimmchen in ihr Ohr.

Lisa fuhr zusammen.

Mit einem Ruck war sie wach.

Verwirrt blickte sie sich um.

„Du da!", rief das Stimmchen.

„Dich meine ich!"

Lisa sah zum Fernseher hinüber.

„Rabuäh!", brüllte ein Maulwurfmännchen und schlug mit einer kleinen Schaufel auf den dicken Zeh eines Menschen ein.

Lisa schüttelte den Kopf. Von dort konnte das Stimmchen unmöglich gekommen sein. Es war viel zu zart gewesen, und so glockenhell hatte es geklungen, als ob es von einer Elfe stammte.

Lisa zuckte ein Schreck durch die Glieder. Auf ihrer Nasenspitze – Himmel noch mal! Irrte sie sich, oder saß da wirklich – winzig klein und so zart wie ein Libellenflügel – eine Elfe, die haargenau so aussah wie …? Nein, das war ganz und gar unmöglich!

„Hallo", sagte das Stimmchen. „Verzeihung. Ich wollte ja nicht stören. Aber es scheint mir von außerordentlicher Wichtigkeit zu sein."

„Äh …", sagte Lisa.

Sie schielte auf ihre Nasenspitze.

Die kleine Elfe fing an zu lachen.

„Wie guckst du denn?", rief sie.

„Dir kullern ja gleich die Augen
über den Nasenrücken."

„Genau", sagte Lisa grinsend.

„Und klocker-di-klock
kegeln sie dich herunter."

„Klocker-di-klock?", wiederholte die Elfe fragend und
deutete auf den Fernseher. „Meinst du etwa so, wie es
die ulkigen Leute dort in diesem komischen Kasten
tun?"

„So ähnlich", erwiderte Lisa. „Manchmal ist es ganz
lustig, ihnen dabei zuzusehen. Besonders wenn einem
langweilig ist."

„Toll", erwiderte die Elfe. „Irgendwas verschlingt den
Zauberwald und dir ist langweilig. Ts!" Sie stemmte
die zarten Händchen auf ihre schmalen Hüften und
schüttelte den Kopf. „Es kann doch nicht sein, dass dir
das vollkommen egal ist!"

Lisa riss die Augen weit auf.

„Der Zauberwald?", stieß sie hervor.

„Woher weißt du überhaupt,

dass es den gibt?"

„Von dir natürlich", brummte die Elfe.

„Du hast ihn schließlich erfunden."

„Oh", sagte Lisa, und gleich noch einmal:

„Oh!"

„Ich bin übrigens Elvira", sagte die Elfe.

„Falls du dich nicht erinnerst …"

O doch! Und wie Lisa sich erinnerte! Sie hätte nur
niemals gedacht, dass Elvira, die kleine Elfe mit den
karottenroten Strubbelhaaren und dem in allen nur
vorstellbaren Türkistönen schillernden Kleid eines
Tages leibhaftig in ihrer Wohnung auftauchen würde!
„Äh, w-wie kommst du denn hier her?", stammelte
sie.
„Keine Ahnung", sagte Elvira. „Ich war gerade auf
dem Weg zurück zum Elfennest, um den Morgentau
in den Sammelkelch zu kippen. Doch das Elfennest
war nicht mehr da und …"

„Nicht mehr da?" Lisa setzte sich auf und schlug die Decke zurück. „Aber wie ist das denn möglich?", murmelte sie. „Gestern war es noch dort."

„Ja, gestern", sagte Elvira. Sie ließ ihre Flügel flirren, hob von Lisas Nasenspitze ab und schwebte zum Wohnzimmertisch hinüber, auf dem eine Topfbegonie stand. „Hast du eine Ahnung, wie lange es in einem Menschenleben von gestern bis heute dauert?"

Lisa zuckte mit den Schultern. „Vierundzwanzig Stunden."

Elvira landete auf einer rosaroten Begonienblüte. Von dort warf sie Lisa einen vorwurfsvollen Blick zu. „Menschenstunden", betonte sie scharf.

Aber klar doch!

Lisa schlug sich gegen die Stirn.

Was war sie bloß für ein Torfkopf!

Menschenstunden mussten doch umgerechnet werden. Eine Menschenstunde entsprach elf Zauberwaldstunden und ein Menschentag elf Zauberwaldtagen. In elf Tagen konnte natürlich eine Menge passieren.

Ratlos sah Lisa Elvira an.

„Wieso ist das Elfennest verschwunden?", fragte sie. „Und wohin?"

„Wenn ich das wüsste", seufzte Elvira.

Sie schnupperte an der Begonienblüte und verzog das Gesicht.

„Puh! Die duftet ja gar nicht."

Lisa machte eine unwillige Handbewegung. Ob Mamas Begonien dufteten oder nicht, interessierte sie im Augenblick nicht die Bohne. Viel wichtiger war es, herauszufinden, was im geheimen Zauberwald vor sich ging. „Jetzt erzähl schon!", forderte sie die Elfe ungeduldig auf. „Was hast du noch beobachtet?"
„Nichts", sagte Elvira. „Nur dass alles irgendwie dunkel war. Der Birkenbaum, die Farne, Blüten, Beeren, Hölzer … alles." Ein Schauder durchzuckte den Körper der kleinen Elfe. Offenbar erinnerte sie sich nicht

gerne daran. „Je länger ich es anstarrte, umso dunkler wurde es, bis alles verschwunden war. „Ja, ja, ja", fiel Lisa ihr ins Wort. „Und dann?"

„Dann kroch die Dunkelheit weiter", sagte die Elfe. „Wie fieser breiiger Schlamm kroch sie über den Waldboden, die Baumwurzeln, das heruntergefallene Laub, in die Büsche hinein und an den Baumstämmen hinauf bis in die Blätterkronen."

„Und du?", wollte Lisa wissen.

„Was hast du gemacht?"

„Ich?", quiekte Elvira.

„Ich habe geschrien, geschrien

und geschrien", erzählte sie atemlos.

„Und dann stand ich auf einmal dort."

Sie streckte ihren Arm aus

und zeigte auf Lisas Nasenspitze.

Hokuspokus im Buchenwald

In der Zwischenzeit war Felixe auf Silberblitz' Rücken gestiegen. Der Einhornhengst war nicht viel größer als ein Zwergpony, er hatte jedoch längere Beine und sein Körper war sehr viel feingliedriger. Mit geschmeidigen Bewegungen trabte er durch den Zauberwald, sein feines weißes Fell glänzte im Sonnenlicht und bei jedem Sprung über einen umgestürzten Baum oder einen plätschernden Waldbach wehte seine seidige Mähne durch die Luft und streichelte über Felixes Wangen.

Ihr Weg zu Kastaniono Bucheneck führte sie quer durch den ganzen Zauberwald. Die Sonne senkte sich bereits über die Baumkronen, als endlich die ersten Buchen in Sichtweite kamen. Das Wäldchen, in dem der große Zauberer lebte, wirkte aus der Ferne hell und friedlich. – Eigentlich sah alles aus wie immer.

Felixe atmete auf.

„Brrr!", machte sie,

zupfte an der Mähne des Einhorns

und brachte Silberblitz zum Stehen.

Was für ein Glück!, dachte sie.

Hier war noch alles in Ordnung.

Hätte sie ihren Blick zu Boden gerichtet, wäre ihr vielleicht aufgefallen, dass Silberblitz mit seinen Vorderbeinen in einer schwarzen Lache stand und allmählich tiefer und tiefer in den Boden sank. Doch stattdessen trieb sie das Einhorn weiter an.

„Beeil dich! Wir wollen keine Zeit verlieren", rief Felixe und drückte Silberblitz ihre Knie in die Flanken.
Mühsam zog das Einhorn ein Bein nach dem anderen
aus der dunklen Schlammlache.

„Schwopp, schwopp", machte es.
Aber auch das hörte die Hexe nicht.
Denn nun erschallte im Buchenwald
ein gewaltiges Krachen.
Gleich darauf schoss etwas
zwischen den Bäumen hervor.
Es sirrte um Felixes Kopf herum
und tauchte unter lautem Getöse
in die Schlammlache.
Dort blitzte es noch einmal auf
und verlosch.

„Was war denn das?", rief Felixe.
Sie befahl dem Einhorn, ein wenig langsamer zu gehen. Vollkommen lautlos ritten sie in den Buchenwald hinein.

„Hahaha!", donnerte ihnen Kastanionos Lachen entgegen. Es schien von überall her zu kommen. Aus den Baumstämmen, dem Waldboden, den Blättern und den Zweigen.

Es war hinter ihnen
und über ihnen
und rechts und links.

„Vielleicht sollten wir uns besser aus dem Staub machen", meinte Silberblitz.
„Entschuldige", erwiderte Felixe und bemühte sich, höflich zu bleiben. „Aber das ist nun wirklich kein

besonders kluger Vorschlag. Schließlich sind wir hierher gekommen, um Kastaniono um Rat zu fragen."

„Stimmt", gab das Einhorn zu, während es unruhig auf der Stelle trat. „Ich fürchte nur, dass der große Zauberer selbst in Schwierigkeiten steckt."

„Das glaube ich weniger", sagte Felixe. „Ich finde, es hört sich viel eher so an, als ob er jede Menge Spaß hätte. Aber gut, wenn du nicht willst …", fuhr sie nun doch ein wenig beleidigt fort, „dann gehe ich eben alleine zu ihm."

Ehe Silberblitz etwas entgegnen konnte, war die kleine Hexe bereits von seinem Rücken heruntergerutscht und auf den Buchenwald zugestapft.

„Das geht nicht gut", murmelte er. „Das kann einfach nicht gut gehen."

Hastig trabte er Felixe hinterher. Mit jedem Schritt versanken seine Hufe im weichen, schlubberigen Waldboden. Doch erst als er nur noch wenige Einhornlängen vom Rand des Buchenwäldchens entfernt war, erkannte er, was es damit auf sich hatte.

Um die Stämme der Buchen waberte bereits eine stockdunkle Finsternis, so undurchdringlich und geheimnisvoll wie dichter Nebel. Ohne Frage kam sie mitten aus Kastanionos Wäldchen und breitete sich von dort aus unaufhaltsam weiter über den gesamten Zauberwald aus.

**Panik erfasste Silberblitz' Herz.
Nervös blickte er sich nach Felixe um.
Aber die kleine Hexe schien
spurlos verschwunden zu sein.**

Felixe war bereits in den Buchenwald getreten und stand nun bis zu den Knien im schwarzen Schlamm. Obwohl es noch eine Weile dauerte, bis die Sonne endgültig unterging, war es um sie herum schon so dunkel, dass sie weder Kastanionos Haus noch seinen Garten erkennen konnte. Felixe vernahm ein Zischen und Brodeln, dessen Ursprung sie jedoch nicht zu deuten vermochte. Das schlammige Wasser unterdessen stieg und stieg. Und der große Zauberer stand mitten darin.

Sein Hut saß ihm schief auf dem Kopf.
Die Haare standen in alle Richtungen ab.
Der lange blaue Mantel hing in Fetzen
an seinem Körper.
Kastaniono starrte Felixe feindselig an.
Sein Blick war vollkommen irre.
„Stopp!", brüllte er.
„Keinen Schritt weiter!"
Felixe gehorchte.
„Was ist passiert?", krächzte sie.

„Das fragst du mich!", donnerte Kastaniono. „Du bist doch an allem schuld!"
„Ich?", fragte Felixe erstaunt und erbost zugleich. „Aber wieso denn ich?"
„Du bist doch die Hauptperson! Der Anfang von allem!", brüllte der Zauberer. Sein langes, schmales

Gesicht quoll vor lauter Zorn auf wie ein Granatapfel. „Ich bin nach dir entstanden!"

Felixe schnappte nach Luft. „Aber du bist doch viel älter als ich!" „Was spielt denn das für eine Rolle?", schimpfte Kastaniono. „Solange ich denken kann, bist du schon da." „Nein, nein, nein!", rief Felixe und tippte sich auf die Brust. „Solange *ich* denken kann, bist *du* bereits da."

„Wie auch immer." Kastanionos Augen wurden schmal. „Ich weiß, dass du gekommen bist, um mich zu vernichten."

„Unsinn!", rief Felixe empört.

„Ich bin gekommen,

weil ich deinen Rat brauche."

„Kwappalawapp!", fauchte der Zauberer.

„Alles Trug und Schwein."

Felixe schüttelte den Kopf.

„Was redest du da für einen Unsinn!"

„Hinterwald! Verfug!", brüllte Kastaniono.

„Oh", rief Felixe.

„Du meinst wohl Hinterhalt.

Und Betrug?"

„Bubilupp!", kreischte Kastaniono. Wutentbrannt richtete er seinen Zauberstab auf sie. Felixe hob die Hände.

„Nein! Nein! Nein!", flehte sie. „Das ist kein Hinterhalt! Ich tu dir nichts!"

Aber der Zauberer war wie von Sinnen. Er ließ die Spitze seines Zauberstabes aufblitzen und eine gewaltige Stichflamme schoss daraus hervor.

Einige Augenblicke lang war es taghell im Buchenwald.

Felixe erkannte Kastanionos Haus, das aus groben Felssteinen und kantigen Holzscheiten gebaut war. Aus dem Schornstein quoll anstelle von Rauch stockfinstere Dunkelheit hervor und überschwemmte den Waldboden. Die Stämme der Buchen waren bereits kohlschwarz durchtränkt und in ihrem rasch welkenden Laub rankten sich Tausende leise kichernde Federkräuter.

Dann ertönte ein Knall und die Stichflamme erlosch. Unzählige

pfeifende Leuchtkugeln und schnurrende Lichtkreisel sprudelten nun aus dem Zauberstab und versanken zischend im schwarzen Schlamm.

Schließlich machte es „Plopp!" und ein fetter bunter Fink quälte sich aus der mittlerweile abgeknickten Zauberstabspitze. Er riss seinen Schnabel auf, trällerte „Alle Vögel sind schon da!" und plumpste ebenfalls in die dunkle Brühe.

Felixe stand da wie erstarrt. Das Schlammwasser reichte ihr inzwischen bis zu den Knien. Allmählich begriff sie, dass Kastaniono nicht in der Lage war, sie zu verhexen. Er hatte die Gewalt über seinen Zauberstab verloren. Und schuld daran war – etwa nur die Dunkelheit?

Felixe wusste es nicht.
Sie wusste nur eins:
Sie musste ganz schnell hier weg.

Hastig angelte sie den Buntfink aus dem Schlamm. Sie verbarg den zitternden Vogel unter ihrem Kleid und stapfte aus dem Buchenwald.

Der Himmel über ihr war schwarz.
Es leuchteten weder Mond noch Sterne.
In der Ferne ertönte
ein verzweifeltes Wiehern.
Silberblitz! – O je!
Was war mit ihm passiert?

Fantastische Hilfe

Lisa konnte es nicht glauben. Sie hatte sich den Zauberwald, die Hexe Felixe, Kastaniono, Silberblitz und die kleine Elfe doch nur ausgedacht. Wie war es dann möglich, dass Elvira nun leibhaftig auf Mamas Begonie herumspazierte und diese unheimliche Geschichte von einer alles verschlingenden Dunkelheit erzählte? Vielleicht träum ich ja noch und muss bloß richtig wach werden, dachte Lisa, wusste aber im selben Moment, dass das nicht stimmen konnte. Sie saß auf der Sofakante, sie spürte den Teppichboden unter ihren Füßen und das weiche Gewebe der Wolldecke zwischen ihren Fingern.

„Schluss jetzt, du alte Flimmerkiste!",
sagte Lisa.
Sie sprang auf
und schaltete den Fernseher aus.
„Sehr gut", freute sich Elvira
und schwirrte um das Gerät herum.
„Mir war eben langweilig",
entschuldigte sich Lisa.

„Ja, ja", grummelte die Elfe. „Und da hast du unseren schönen Zauberwald einfach sich selbst überlassen."
Lisa schüttelte erschrocken den Kopf. „Du denkst, ich bin schuld?"
Elvira zuckte mit den Schultern. „Wer sonst?"
„Aber ich habe mir diese Dunkelheit nicht ausgedacht", erwiderte Lisa empört. „Ich wäre niemals auf die Idee gekommen, den Zauberwald zu zerstören. Im Gegenteil: Ich habe versucht, ihn vor allem Bösen zu schützen. Sonst gäbe es schließlich den See, die Felsen, den Tannenwald und das Schlubbermoor nicht. Sie halten alles ab, was von außen in den Zauberwald hineindringen könnte."
„Es kommt ja auch nicht von außen", sagte Elvira und ließ traurig ihre Flügel sinken. „Sondern von innen."

Lisa nickte beklommen.

Sie konnte die kleine Elfe kaum ansehen.

„Was machen wir jetzt bloß?",

murmelte sie.

„Wir?", presste Elvira hervor.

„Du meinst wohl du."

Wieder nickte Lisa.

Natürlich musste sie etwas unternehmen. Das war ihr schon klar. Sie wusste nur nicht, was.

„Ich kann nicht in den Zauberwald kommen und die Sache in die Hand nehmen", sagte sie. „Denn der Zauberwald ist ja bloß Fantasie."

„Ach ja?", rief Elvira erbost. Sie stellte ihre Flügel auf, hob in die Luft ab und sirrte Lisa um den Kopf herum. „Und was bin ich dann? Etwa auch bloß Fantasie?"

„Äh … nein", gab Lisa zu. „Du bist schon irgendwie echt." Zumindest vernahm sie das Sirren der Elfenflügel, und sie glaubte auch, einen feinen Luftzug zu spüren. „Trotzdem habe ich keine Ahnung, wie ich euch helfen soll."

„Na, dann schalt doch deine blöde Flimmerkiste wieder ein", erwiderte Elvira eingeschnappt. Was mit un-

serem schönen Zauberwald geschieht, ist doch egal. Schließlich ist er bloß Fantasie. Irgendwann, wenn du die Flimmerkiste leid bist, kannst du dir ja einen neuen Zauberwald ausdenken!"

„Nein", sagte Lisa entschieden.

„Ich will keinen neuen Zauberwald.

Felixe, Grete, Kastaniono,

Silberblitz und du,

ihr seid doch meine Freunde.

Ich werde euch nicht im Stich lassen."

„Gut", grunzte die Elfe.

„Was also gedenkst du zu tun?"

„Tja … gute Frage …", murmelte Lisa. „Ich weiß auch ni…" Plötzlich hellte sich ihre Miene auf. „Oh, ich weiß doch!", jubelte sie los. „Ich werde die Dunkelheit wegfantasieren."
„Gut", sagte Elvira. „Hoffentlich funktioniert das."
„Wieso nicht?", meinte Lisa. Sie stellte sich das Ganze ziemlich leicht vor. „Ich werde eine Blume erfinden, die so schnell wächst wie ein Hefeteig", erklärte sie eifrig. „Ihre Wurzeln sind miteinander verzweigt und

durchdringen den Boden des gesamten Zauberwalds. Sie werden die Dunkelheit einfach wegsaugen."

„Das hört sich nicht schlecht an", gestand die kleine Elfe ihr zu. „Mir tun die Blumen zwar ein bisschen leid, aber wenn es nicht anders geht, dann geht es eben nicht anders." Sie stoppte unmittelbar vor Lisas Augen und setzte einen Fuß auf deren Nasenspitze. „Am besten stelle ich mich wieder dorthin, sonst vergisst du am Ende noch, mich mit hinüberzunehmen."

Lisa lehnte sich zurück
und schloss die Augen.
Zunächst sah sie gar nichts,
nur das Flimmern hinter ihren Lidern.
Lisa mochte sich
einen stockfinsteren Zauberwald
einfach nicht vorstellen.
Lieber dachte sie gleich
an die rettenden Blumen.
Aber die wollten nicht wachsen.
Es war zu kalt und zu dunkel.
Und plötzlich stand Lisa mitten im Nebel.

Mit vereinten Kräften

Felixes Herz fing wie wild an zu klopfen. Langsam drehte sie sich um sich selbst und versuchte auszumachen, woher das Wiehern gekommen war.
„Silberblitz", wisperte sie. „Wo bist du nur?"
Mittlerweile war es so dunkel im Zauberwald, dass Felixe nicht einmal mehr ihre Nasenspitze sehen konnte, und auf einmal bereute sie es, dass sie von zu Hause fortgelaufen war. Wie mochte es Grete wohl gehen? Lebte die Unke überhaupt noch oder hatte die Finsternis dort bereits alles weggefressen?

Verdammt noch mal! Warum hatte Felixe nicht auf Grete gehört? Die Unke hatte sie doch so eindringlich gewarnt.

Aber Felixe hatte es ja besser gewusst.
Das hatte sie nun davon.
Bestimmt würde sie ihr Hexenhaus
nie mehr wiedersehen!
„Hallo?", ertönte da eine Stimme.
Sie kam von weit, weit her.
Irgendwie kam sie Felixe bekannt vor.
„Hallo?", rief die kleine Hexe.
„Wo bist du?"
„Hier bin ich", rief die Stimme zurück.
„Im Nebel."

„Ich sehe keinen Nebel!", antwortete Felixe. „Hier bei mir ist alles stockdunkel."
„Aber ich höre dich gut", sagte die Stimme.
„Ich dich jetzt auch", erwiderte Felixe erstaunt. „Eben warst du noch so weit weg und jetzt höre ich bereits deine Schritte."

Schwopps, schwopps, schwopps, machte es. Es klang, als ob ein Elefant durch einen Sumpf stapfen würde. Und dann spürte Felixe plötzlich jemanden ganz in ihrer Nähe.

„Wer bist du?", flüsterte sie voller Angst.

„Ich heiße Lisa", sagte Lisa.

„Bin ich etwa im Zauberwald gelandet?"

„Klar bist du das!",

meldete sich Elvira zu Wort.

„Huch!", rief Felixe. „Was ist hier los?
Wer seid ihr?"

„Ich bin Elvira, die Elfe", sagte Elvira.

„Ich wohne im Birkenhain."

„Oh!", rief Felixe.

„Und ich bin Felixe, die Hexe.
Mein Haus steht am Verwunschbach."

„Du bist Felixe!", rief Lisa voller Freude. „Das ist ja toll! Ich hätte nie gedacht, dass ich dich jemals kennen-lernen würde!"

„Aber du kennst sie doch längst", entgegnete Elvira unwillig. „Immerhin hast du sie dir ausgedacht."

„Ja, ja, schon", meinte Lisa. „Trotzdem hätte ich niemals damit gerechnet, dass ihr alle wirklich echt geworden seid. Ich meine ... also ... Das ist doch fantastisch!"

„So, meinst du", brummte Felixe. „Diesen ganzen schwarzen Schlamm hier, den durchgeknallten Kastaniono, den Umstand, dass ich dich zwar hören, aber nicht sehen kann, weil der Wald mittlerweile so stockfinster ist, dass man annehmen könnte, er würde gar nicht mehr existieren ... Das findest du also fantastisch? Na super! Ich wünschte wirklich, jemand anderer hätte sich uns ausgedacht."

Lisa schluckte. Sie wollte etwas zu ihrer Verteidigung erwidern, doch Elvira hatte bereits das Wort ergriffen.

„Jetzt bist du ungerecht", sagte sie. „Glaubst du wirklich, Lisa hat das gewollt? Immerhin ist sie gekommen, um uns zu helfen!"

„Dann hast du sie also gerufen?", fragte Felixe misstrauisch.

„Nicht direkt", sagte Lisa. „Wie es genau passiert ist, dass Elvira zu mir herüberkommen konnte, wissen wir nicht. Ich habe auf dem Sofa gelegen. Ich war so

müde und irgendwann bin ich wohl eingeschlafen",
erzählte sie in die Dunkelheit hinein. „Vielleicht habe
ich geträumt."

„Vielleicht, vielleicht!",
rief Felixe ungeduldig.
„Und was fangen wir damit an?
Gretes Zeh und Silberblitz
sind verschwunden.
Alles versinkt im Schlamm.
Und vor lauter Dunkelheit
sehen wir nichts.
Gar nichts!"

Das war in der Tat ein Problem. Felixe und Elvira hatten in der Finsternis inzwischen vollkommen die Orientierung verloren. Keine von ihnen hätte mehr sagen können, in welcher Richtung sich der Buchenwald, der Birkenhain, das Schlubbermoor, das Felsmassiv oder der Verwunschbach befand.

Felixe spürte eine eisige Kälte in den Knöcheln, die ihr nun langsam die Beine hinaufkroch. Sie bibberte am ganzen Körper. „Ich glaube, ich habe keine Füße mehr", jammerte sie. „Und schon bald wird es mich überhaupt nicht mehr geben."

„Jetzt beruhig dich mal", sagte Lisa. „Glaubst du wirklich, ich gebe euch so einfach auf?"

Felixe ballte die Fäuste. „Dann solltest du endlich etwas tun!", rief sie.

„Keine Angst, das werde ich",
erwiderte Lisa.
„Sag mir bitte nur eins:
Wo war die Dunkelheit zuerst?"
„Das weiß ich nicht", meinte die Hexe.

„Sie war in der Höhle,
sie war in meinem Haus
und in dem von Kastaniono.
Dort quoll sie aus dem Schornstein.
Und überall war Federkraut."

„Federkraut … so, so …", murmelte Lisa. „Das kenne ich gar nicht." Und sie konnte sich auch nicht daran erinnern, dass sie etwas in der Art im Zauberwald hatte wachsen lassen.

„Vielleicht ist es durch Hexerei entstanden", meinte Elvira.

„Willst du etwa behaupten, ich hätte es herbeigezaubert?", rief Felixe empört.

„Aber klaro! Du oder Kastaniono", sagte die Elfe.

„Dann sollen wir also schuld sein und nicht die, die sich uns ausgedacht hat?", schnaubte die Hexe.

„Jetzt hört bitte auf!", fuhr Lisa dazwischen. „Wenn wir uns immer nur gegenseitig die Schuld zuschieben, kommen wir nicht weiter. Zunächst brauchen wir Licht und dann …"

„Der Zauberstab!", rief Felixe.

„Kastanionos Zauberstab!"

„Was ist mit ihm?", wollte Lisa wissen.

„Er hat Funken gesprüht",

erzählte die Hexe aufgeregt.

„Vielleicht leuchtet er ja immer noch."

„Gut", sagte Lisa.

„Dann hole ich ihn."

„Wie willst du das machen?",

fragte Elvira verwundert.

„Na, wie schon", entgegnete Lisa.

„Felixe habe ich doch auch gefunden."

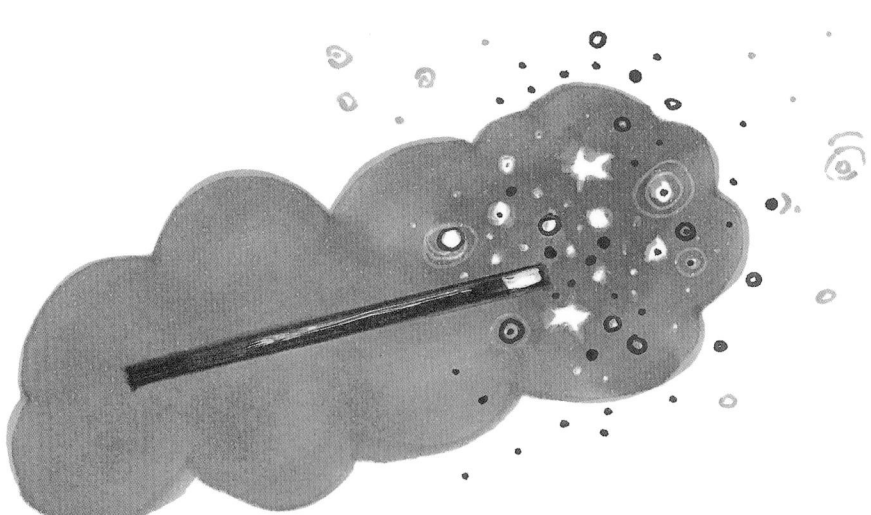

Ein furioses Feuerwerk

Tatsächlich bereitete es Lisa keine Schwierigkeiten, zum Buchenwäldchen zu gelangen. Sie dachte einfach daran und schon schlugen ihre Beine die richtige Richtung ein. Und obwohl es zwischen den Buchen noch dunkler als dunkel zu sein schien, entdeckte sie den Zauberstab sofort.

Er lag mitten in einer schlammigen Pfütze und seine abgeknickte Spitze glimmte so mickrig vor sich hin wie ein Glühwürmchen, das all seine Kräfte verloren hatte.

Lisa ergriff den Zauberstab, hob ihn hoch und versuchte, die Umgebung zu beleuchten.

Doch das Licht an der Spitze
war zu schwach.

„Kastaniono?“, murmelte Lisa.

Es war sein Zauberstab.

Nur er konnte damit umgehen.

„Kastaniono!“, rief Lisa nun laut.

„Schlawitte?“,
ertönte die müde Stimme des Zauberers.

„Du musst deinen Stab zum Leuchten bringen, damit wir sehen können, was hier im Wald Schreckliches vorgeht!", rief Lisa und machte eine schwungvolle Bewegung mit dem Zauberstab.

Die abgeknickte Spitze baumelte heftig hin und her. Hoffentlich fällt sie nicht runter, dachte Lisa erschrocken.

Doch plötzlich passierte
etwas ganz anderes.
Die Spitze berührte etwas,
das durch die Luft schwebte.
Es war ein Federkraut
und es glühte hell auf.
Lisa konnte Kastanionos Gesicht sehen.

„Sensatiooon!", rief der Zauberer, dessen Mantel von schwarzem Schlamm nur so triefte. Er nahm Lisa den Stab aus der Hand, sprang zwischen den Buchen hin und her und berührte blitzschnell ein Federkraut nach dem anderen. Jedes einzelne leuchtete auf, schwebte davon und brachte, sobald es ein anderes berührte, dieses ebenfalls zum Glühen.

Es war eine fantastische Kettenreaktion und in nur wenigen Augenblicken war es im Zauberwald so hell wie mitten am Tag. Der kleine Buntfink lugte unter Felixes Achsel hervor. Er trippelte ihren Arm entlang und flog fröhlich zwitschernd davon.

Felixe und Elvira kamen herbei und warfen vor Freude ihre Arme in die Luft.

„Du hast uns gerettet!", jubelte Felixe
und tanzte um Lisa herum.
Elvira schwebte wie wild hin und her
und machte einen Salto
nach dem anderen.
„Aber das war ich nicht!", rief Lisa.
„Kastaniono hat all das Federkraut
zum Leuchten gebracht."

„Nun ja", meinte der Zauberer und lächelte verlegen. „Nennen wir es einfach einen glücklichen Umstand." Doch damit war Felixe nicht einverstanden. Sie bestand darauf, dass sie ohne Lisas Hilfe verloren gewesen wären.

„Ohne Elviras aber auch", wandte Lisa ein. „Wäre sie nicht zu mir herübergekommen, hätte ich doch niemals erfahren, in welcher Gefahr der Zauberwald schwebt."

„Aber wenn du nicht eingeschlafen wärst und geträumt hättest, hätte Elvira dich gar nicht zu Hilfe holen können", widersprach Felixe, während sie kräftig ihren Zeigefinger in Lisas Po pikste. Sie reichte dem Menschenmädchen nämlich gerade mal bis zur Hüfte und auch der Zauberer Kastaniono war nicht sehr viel größer.

Lisa und die winzige Elfe warfen einander einen verstohlenen Blick zu. Nur sie beide wussten, wie es wirklich war. Lisa hatte den Zauberwald vernachlässigt, da sie nicht regelmäßig an ihn gedacht hatte. Zwar hatte sie ihn von außen gut geschützt, indem sie das Felsmassiv, den Tannenwald, den See und das Moor hatte entstehen lassen, doch sie hatte nicht genügend darauf achtgegeben, dass auch innerhalb des Zauberwaldes keine Gefahr entstand. Das Federkraut, das eigentlich sehr hübsch anzusehen war, hatte ungehindert wachsen können und sich wie Unkraut ausgebreitet.

„Grete war die Einzige, die etwas geahnt hat", meinte Felixe plötzlich. „Ich glaube, wir müssen in Zukunft alle viel vorsichtiger sein."

„Gute Idee!", rief Elvira.

„Ich werde die Augen aufhalten

und alles finden,

was neu und unbekannt ist."

„Exzellent!", freute sich Kastaniono.

„Ich werde das Unbekannte wegzaubern."

„Und ich werde es gut hexen!", rief Felixe. „Wir müssen uns auf Gretes Geunke verlassen und uns immer miteinander beraten. So können wir die Gefahren viel besser erkennen."

„Genau!", jubelte Elvira.
„Und dann macht es auch nichts,
wenn Lisa mal zu müde ist,
um an uns zu denken."

Felixe und Kastaniono waren so begeistert über diese Erkenntnis, dass sie einander in die Arme fielen, und Elvira hüpfte juchzend zwischen ihren Köpfen hin und her.

Das leuchtende Federkraut um sie herum begann, bunte Funken zu sprühen, und wenige Augenblicke später standen sie alle in einem prächtigen zischenden und funkenden Feuerwerk.

Das schwarze Schlammwasser verschwand so schnell im Waldboden, als ob jemand irgendwo einen Stöpsel herausgezogen hätte.

Kastaniono hob seinen Hut auf
und setzte ihn auf seinen Kopf zurück.
Felixe lachte ihn an.
Dann musste sie an Grete denken
und an das Einhorn
und plötzlich wurde sie ganz blass.
„Ach, du Schreck!", hauchte sie.
„Wir haben Silberblitz vergessen!"

Das verlorene Einhorn

Die Vier sahen sich entsetzt an. Wie hatte ihnen das nur passieren können! Mit einem Schlag war das Gesicht des Zauberers so bleich geworden wie das eines Schneemanns. Ratlos schüttelte er den Kopf.

Die Elfe fing an zu weinen. „Was ist denn mit ihm? Was ist mit Silberblitz passiert?", schluchzte sie.

Felixe stand da wie erstarrt. Ihr Hals fühlte sich ganz zugeschnürt an.

„Es ist alles meine Schuld", krächzte sie. „Silberblitz  wollte gar nicht hierher in den Buchenwald reiten. Er war ja selbst schon ein bisschen verschwunden. Wenn ich ihn nicht überredet hätte …"

„Was?", rief Lisa. „Was hast du gesagt?"

„Dass es meine Schuld ist",

jammerte Felixe

und ließ die Schultern hängen.

„Das meine ich nicht", erwiderte Lisa.

„Hast du tatsächlich gesagt,

dass Silberblitz schon ein bisschen

verschwunden gewesen ist?"

Felixe nickte.

„Aber nur sein Horn", sagte sie.
Elvira hörte auf zu schluchzen. „Vielleicht hat er vom Federkraut gegessen!", kreischte sie.
„Oje! Oje! Dann ist er bestimmt verloren!"
Dieser schreckliche Gedanke ließ Felixe, Kastaniono und die kleine Elfe erstarren. Und erst in diesem Augenblick wurde ihnen bewusst, wie groß die Gefahr, in der sie schwebten, tatsächlich gewesen war. Alle drei hatten das Federkraut gepflückt. Elvira hatte ihr Nest damit ausgebettet, Felixe war drauf und dran gewesen, einen Zaubertrank daraus zu bereiten und Kastaniono hatte beinahe seinen Verstand verloren, als er damit experimentierte.

„Macht euch keine Sorgen, ich werde ihn finden", sagte Lisa. Sie schloss die Augen und versuchte, sich auf das Einhorn zu konzentrieren. Silberblitz, wo bist du?, dachte sie und horchte angestrengt in sich hinein.

Doch nichts geschah.

Silberblitz meldete sich nicht.

„Was ist los?", rief Felixe voller Angst.

Lisa presste die Lippen zusammen.

„Ich höre ihn nicht", stieß sie hervor.

Verzweifelt blickte sie von einem zum anderen. „Und ich weiß auch nicht, in welche Richtung wir gehen sollen."

„Wir haben die böse Kraft des Federkrauts besiegt", meinte Kastaniono und strich sich nachdenklich über den Bart. „Im Zauberwald ist wieder alles hell und klar." Er deutete auf den Waldboden. „Ich kann gar keinen schwarzen Schlamm mehr entdecken. "

„Das stimmt", pflichtete Elvira ihm bei. „Das Moos leuchtet so saftig grün wie eh und je, und die glitzernd weiße Asche, die durch das Verbrennen des Federkrauts herabgesegelt ist, sieht sogar ganz besonders hübsch aus."

„Ja …", sagte Lisa gedehnt. „Das erklärt allerdings noch immer nicht, wohin Silberblitz verschwunden sein könnte."

„Vielleicht ist er an einem Ort, an dem er vom Feuerwerk des Federkrauts nicht berührt werden konnte", hauchte Felixe mit bebender Stimme. „Womöglich hat er sich aus Angst in seine dunkle Höhlenwohnung geflüchtet."

„Gut", sagte Lisa entschlossen.
„Dann suchen wir ihn dort."
Sie nahm Felixe und Kastaniono
bei der Hand und marschierte los.
Elvira flatterte hastig hinter ihr her.
„So warte doch!", rief sie
und krallte sich in Lisas Haar fest.

Eine rettende Idee

Lisa rannte, so schnell sie konnte. Sie sprang über umgestürzte Baumstämme und dichte Farnbüschel und erreichte schon bald die Höhle über dem See.

Felixe und Kastaniono liefen voraus.
Mit pochendem Herzen
näherten sie sich dem Eingang.
„Silberblitz?", rief Felixe.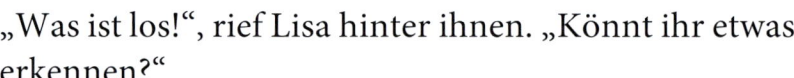
„Bist du hier?"
Sie bekam keine Antwort.

„Was ist los!", rief Lisa hinter ihnen. „Könnt ihr etwas erkennen?"
Felixe und Kastaniono fuhren herum. In ihren Gesichtern spiegelte sich tiefe Verzweiflung.
„Er ist nicht hier", presste Felixe hervor. Eine dicke Träne löste sich aus ihrem Auge und kullerte ihre Wange hinunter.
„Bist du sicher?", hauchte Lisa. Entschlossen zwängte sie sich an Kastaniono und Felixe vorbei und trat in die Höhle.

Die Dunkelheit war verschwunden.

Alles wirkte still und friedlich.

„Silberblitz?", rief Lisa.

„Silberblitz? – Silberblitz? – Silberblitz?",
hallte es von den Höhlenwänden zurück.

„Ich sag doch, er ist nicht hier", schluchzte Felixe,
doch Lisa hob mahnend die Hände.

„Schsch", machte sie und lauschte angespannt in die
Höhle hinein. „Ich glaube, ich habe sein Wiehern gehört."

Felixe wischte sich die Träne aus dem Gesicht und
schüttelte den Kopf. „Das ist ganz unmöglich", widersprach sie. „Die Höhle ist nicht tief. Wenn du Silberblitz hören kannst, müsstest du ihn auch sehen."

„Stimmt", bestätigte Elvira, nachdem sie sich ein Herz
gefasst und eine rasche Runde durch die Höhle ge-
dreht hatte. „Da drin ist nichts, gar nichts", sagte sie
und ließ sich mit trauriger Miene auf Lisas Schulter
nieder.

„Vielleicht ist er gar nicht weg", murmelte Lisa. „Sondern nur verschwunden."

Felixe warf ihr einen verwirrten Blick zu. Kastaniono
und Elvira verstanden allerdings sofort, was Lisa damit meinte.

„Er ist da, wir können ihn bloß nicht sehen", brach es stockend aus dem Mund der Elfe hervor.

„Dann werde ich jetzt die Unsichtbarkeit weg-zaubern", verkündete Kastaniono. Wild ent-schlossen zog er seinen Zauberstab hervor und richtete ihn in die Höhle.

„Hitze zu Blitze, Silberblitz herbei!",
rief er.

Doch nichts geschah.

„Ich kann nicht zaubern", wisperte Elvira.

„Vielleicht sollte ich mich daheim auf mein Bett setzen und Silberblitz wieder sichtbar fantasieren", schlug Lisa vor.

„Weißt du denn überhaupt, wie du in deine Welt zurückkommst?", fragte die Elfe.

„Nein", sagte Lisa. Bisher hatte sie darüber gar nicht nachgedacht und jetzt war ihr auf einmal schrecklich weh ums Herz.

„Aber ich!", rief Felixe plötzlich.

„Ich weiß es!"

Lisa hob erstaunt die Augenbrauen.

Doch Felixe sagte nur:

„Vertraut mir einfach!

Ich bin gleich zurück."

Und dann rannte sie los.

Sie rannte und rannte.

Felixe wusste genau, was sie tat. Sie durchquerte den ganzen Zauberwald. Schließlich erreichte sie völlig außer Atem ihr Baumstumpfhaus. Doch sie hatte keine Zeit zum Verschnaufen.

„Grete!", rief sie keuchend. „Grete, wo bist du?"

„Hier!", unkte die Unke und krabbelte aus einem Haufen feuchten Laubs hervor.

Überglücklich drückte Felixe ihrer Freundin einen Kuss aufs breite Unkenmaul.

Grete grinste.

„Tag ein guter Tag", seufzte sie.

„Ja, ja", sagte Felixe ungeduldig.

„Und was ist mit dem Verwunschbach?"

„Verwunschbach guter Verwunschbach",

unkte die Unke.

„Danke!", rief Felixe.

Sie flitzte ins Haus,

um eine Kanne zu holen.

Damit raste sie zum Verwunschbach.

Felixe füllte die Kanne bis zum Rand mit Verwunschwasser. Und dann ging es im Eiltempo zurück zum
See, wo Lisa, Elvira und Kastaniono sie schon ungeduldig erwarteten.

„Was ist das?", fragte Lisa und deutete auf die Kanne.
„Was hast du vor?"

„Guthexen natürlich", erwiderte Felixe.

Sie nahm ein wenig von dem Glitzerstaub, der durch
das Verglühen des Federkrauts entstanden war, und
ließ ihn in das Verwunschwasser rieseln. Dann ging
sie an ihren Freunden vorbei und stellte sich mitten
in die Höhle. Langsam tauchte Felixe ihre Hand in die
Kanne, rührte das Verwunschwasser dreimal um und
murmelte einen beschwörenden Hexenspruch: „Tri-
la-la, Felixe, hunderttausend Schlickse, sechzig Silber-
blitze – Einhorn, komm zurück!"

Ruckartig zog Felixe ihre Hand aus der Kanne und
schnipste einen Schwall Verwunschwasser durch die
Luft.

Ein lautes Wiehern ertönte.

„Juhuuu!", jubelte Felixe.

Sie drehte sich im Kreis.

Sie wiederholte den Hexenspruch

und verspritzte Verwunschwasser.

Plötzlich gab es einen Knall

und Silberblitz erschien

mitten in der Höhle.

Er war vollkommen unversehrt.

Sogar sein Horn war wieder da.

Stolz reckte er es in die Höhe.

„Silberblitz!", rief Felixe. Hastig stellte sie die Kanne auf den Boden, dann flog sie dem Einhorn um den Hals und küsste seine seidig weichen Nüstern.

„Hmhmhm!", machte Silberblitz. Vor Verlegenheit bekam sein Fell einen zarten rosafarbenen Schimmer. „Nett, euch alle wiederzusehen."

„Nett?", rief Kastaniono und klatschte in die Hände. „Das nenne ich sensationell!"

„Felixe, du bist großartig", sagte Elvira voller Bewunderung, dann stieß sie einen Freudenschrei aus und sirrte so schnell um Silberblitz' Hals herum, dass seine Mähne in alle Himmelsrichtungen aufstob.

Die kleine Elfe, der Zauberer Kastaniono und die Hexe Felixe konnten ihr Glück kaum fassen, und so merkten sie erst nach einer Weile, dass Lisa nicht mehr bei ihnen war. Betroffen sahen sie sich an.

„Es ist alles in Ordnung", sagte Kastaniono rau. „Lisa ist bloß wieder heimgekehrt."

Elvira nickte traurig, Felixe aber räusperte sich, hob ihr Kinn und sagte mit fester Stimme: „Ich bin froh, dass ich Lisa kennenlernen durfte. Ich werde sie niemals vergessen."

Felixe dachte nun jeden Abend
an ihre Menschenfreundin.
Immer wenn sie schlickste,
sah sie Lisas Gesicht
und schlief lächelnd ein.
Und Lisa?
Was geschah wohl mit ihr?

Nun ja … Irgendwann am späten Nachmittag wachte sie auf. Sie lag wohlig warm in ihre Wolldecke eingekuschelt auf dem Sofa und gähnte. Was habe ich bloß für verrückte Sachen geträumt, dachte sie und sah gähnend zum Fernseher hinüber.

Er war ausgeschaltet.
Und auf Lisas Haaren lag
eine feine Glitzerschicht
aus funkelnd feinem Federkrautstaub.

Patricia Schröder, 1960 im Weserland geboren, wuchs in Düsseldorf auf, studierte Textildesign und arbeitete einige Jahre in diesem Beruf. Als ihre Kinder zur Welt kamen, zog sie in den Norden zurück. Dort ließ sie sich mit ihrer Familie und einer Handvoll Tieren auf einer kleinen Warft nieder und fing an, sich Geschichten auszudenken. Patricia Schröder liegt besonders die Leseförderung am Herzen. Sie hat das Konzept „Erst ich ein Stück, dann du" entwickelt, um bei Kindern über das gemeinsame Lesen den Spaß an Büchern und Geschichten zu wecken.

**Von Patricia Schröder sind in der Reihe „Erst ich ein Stück, dann du"
unter anderem folgende Bücher erschienen:**

Aufregung im Ferienlager (15337)
Camillo, ein Hund macht Ferien (18073)
Ein Drachenfreund für Linus (17831)
Eine Burg für Ritter Rudi (17832)
Ein Fall für Finn und Schörlock (17965)
Fibo – kleiner Fuchs, großer Held (17766)
Flaffy Flitzekeks – Ein Gespenst sorgt für Wirbel (17378)
Jakob und die Weltraumkicker (17380)
Kleines Pony, großes Glück (18022)
Lena und Tim – Abenteuerferien auf dem Hausboot (15735)
Leni & Lotti – Ferien auf dem Ponyhof (17945)
Leo und das Mutmach-Training (17946)
Linus und der Drachen-Wettkampf (17984)
Linus und sein mutiger Drache – Zwei Geschichten in einem Band (17488)
Mia & Maxie – Beste Freundinnen halten zusammen (17835)
Mirella und das magische Seepferdchen (17898)
Mirella und das Nixen-Geheimnis (17890)
Nanuk – Ein kleiner Eisbär findet Freunde (17947)
Nellies großer Auftritt (17377)

Gemeinsam Lesen – Das Original

Patricia Schröder
Ein Drachenfreund für Linus
88 Seiten, ISBN 978-3-570-17831-7

Patricia Schröder
Eine Burg für Ritter Rudi
88 Seiten, ISBN 978-3-570-17832-4

Patricia Schröder
Rivalen auf dem Fußballplatz
88 Seiten, ISBN 978-3-570-17833-1

Patricia Schröder
Sophie im Land
der Zauberponys
88 Seiten, ISBN 978-3-570-17834-8

Patricia Schröder
Mirella und
das Nixen-Geheimnis
88 Seiten, ISBN 978-3-570-17890-4

Jan Andersen
Dusty –
Gut gebellt, kleiner Hund!
88 Seiten, ISBN 978-3-570-17879-9

8425_6

www.cbj-verlag.de

Gemeinsam Lesen – Das Original

Patricia Schröder
Mirella und das magische Seepferdchen
88 Seiten, ISBN 978-3-570-17898-0

Patricia Schröder
Leni & Lotti – Ferien auf dem Ponyhof
80 Seiten, ISBN 978-3-570-17945-1

Patricia Schröder
Leo und das Mutmach-Training
80 Seiten, ISBN 978-3-570-17946-8

Patricia Schröder
Nanuk - Ein kleiner Eisbär findet Freunde
80 Seiten, ISBN 978-3-570-17947-5